AF285698

Vorwort

Die Heilerin der neuen Zeit

Wir leben in einer Zeit des Wandels. Alte Sicherheiten bröckeln, Systeme geraten ins Wanken, viele Menschen verlieren sich im Lärm des Alltags, suchen Halt – im Außen. Doch die wahre Kraft liegt im Innen. Sie liegt in der Verbindung zu unserem Körper, zur Natur, zur eigenen Seele.

Dieses Buch ist für alle, die fühlen, dass es mehr gibt.

Für Frauen, die wieder spüren wollen, wie es ist, ganz in ihrer Kraft zu stehen.

Für Menschen, die sich erinnern, dass Heilung nicht immer von außen kommt – sondern oft aus der stillen Mitte in uns selbst.

Ich bin keine Ärztin, ~~~~ phetin, keine Hohepriesterin.

Ich bin eine Frau, di~~~~ ~~~~ht, fühlt und erinnert.

Ich bin eine, die wie~~~~ ~~~~eben kennt – mit all seiner Phasen, Prüfungen, Fragen und kleinen Wundern.

Und ich bin eine, die immer wieder zurückkehrt zur Urquelle allen Seins:

Zur Natur. Zum Mond. Zum Wasser. Zum Feuer. Zur Erde. Zum Licht im Herzen.

In diesem Buch teile ich mit dir:

überlieferte Rituale, die wieder Kraft schenken

einfache und wirksame Rezepte aus Kräutern und Pflanzen, die du selbst sammeln oder im Garten ziehen kannst

Die Heilerin der neuen Zeit

Bibliografische Informationen der deutschen

Nationalbibliothek:

Die deutsche Nationalbibliothek verzeichnet

diese

Publikation in der deutschen

Nationalbibliografie; detaillierte bibliografische

Daten sind im Internet über

http://dnb.dnb.de abrufbar.

© 2025 Petra Maria Scheid

Lektorat: chatgpt

ISBN lautet 978-3-8192-4985-3

Verlag: BoD · Books on Demand GmbH,

Überseering 33, 22297 Hamburg,

bod@bod.de

Druck: Libri Plureos GmbH,

Friedensallee 273, 22763 Hamburg

sanfte Meditationen, die Körper, Geist und Seele berühren

Affirmationen, die dich erinnern, wer du bist

und Heilimpulse, die aus der Stille kommen – nicht aus dem Lehrbuch.

Du brauchst nichts „Besonderes", um eine Heilerin zu sein.

Nur dich. Deine Offenheit. Dein Vertrauen.

Denn in jeder Frau – und auch in jedem Mann – schlummert diese heilende Kraft.

Sie ist uralt. Und sie wird jetzt wieder wach.

Dieses Buch ist kein dogmatischer Leitfaden. Es ist ein Schatzkästchen.

Du nimmst dir, was du brauchst. Du lässt, was (noch) nicht ruft.

Und vielleicht, ganz leise, erinnerst du dich:

Du warst schon einmal Heilerin.

Du bist es noch.

Und du wirst es immer sein.

Mit Licht im Herzen,

Petra Maria Scheid

Einleitung

Wer ist die Heilerin der neuen Zeit?

Warum jetzt?

Heilung als Rückverbindung zur Urkraft

Teil 1: Die Natur als Apotheke

Die Kraft der Pflanzen – altes Wissen neu belebt

Kräutersalben zum Selbermachen

Basisrezepturen

Salben gegen Hautprobleme

Salben für Muskeln & Gelenke

Salben für Frauen (Brust, Zyklus, Intimbereich)

Kräutertees aus Garten, Wald und Balkon

Sammelkalender & Pflanzenporträts

Teemischungen für Frauen in allen Lebensphasen

Entgiftung, Beruhigung, Aufbau

Gartenwissen & Balkonapotheke

Kräuter pflanzen, ernten und haltbar machen

Mondphasen & Aussaat

Homöopathie für Frauen – sanfte Helfer in allen Lebensphasen

Pubertät

Kinderwunsch & Schwangerschaft

Stillzeit & Rückbildung

Wechseljahre & Neubeginn

Feuer als Wandlungskraft

Wasserrituale – Reinigung & Erinnerung

Quellen, Regen, Fußbäder

Rituale mit Tränen und Stille

Erdrituale – Verwurzelung & Geborgenheit

Barfußgehen, Erde fühlen, Ahnen spüren

Ätherrituale – Verbindung zum Unsichtbaren

Raumreinigung, Räuchern, Gebet

Die Kraft der Stille

Teil 3: Spirituelle Begleiter & inneres Wissen

Handauflegen – Rückverbindung durch Berührung

Was geschieht dabei wirklich?

Deine Hände als Lichtträger

Krafttiere – Spiegel deiner Seele

Tierische Botschafter in der Tiefe

Wie du dein Krafttier findest

Geistführer – Hilfe aus der geistigen Welt

Wer begleitet dich?

Wie du sie rufen und hören kannst

Meditationen für Körper, Geist & Seele

Bei Schlaflosigkeit, Schmerzen, Sorgen, Wut

Für mehr Vertrauen, Ruhe, Klarheit

Affirmationen für dein Licht & deinen Weg

Für Selbstliebe

Für Heilung

Für Zielkraft & Mut

Selbstliebe und Nächstenliebe – Das Herz öffnen

Heilen ohne sich selbst zu verlieren

Grenzen setzen & Licht bewahren

Abschluss: Die Heilerin lebt in dir

Wie du weitergehst

Ein kleiner Segen für deinen Weg

Wer ist die Heilerin der neuen Zeit – und warum braucht die Welt sie gerade jetzt?

Vielleicht hast du dich in letzter Zeit öfter gefragt, was mit unserer Welt geschieht. Warum so vieles unsicher scheint. Warum Menschen müde, erschöpft, überfordert sind – trotz allem Fortschritt, trotz aller Technik, trotz all der Dinge, die uns das Leben „erleichtern" sollen.

Vielleicht spürst du selbst eine tiefe Sehnsucht. Nach Natur. Nach Ruhe. Nach Wahrheit.

Nach etwas Echtem. Etwas Ursprünglichem.

Etwas, das du nicht mit dem Verstand greifen kannst – aber mit dem Herzen fühlst.

Und vielleicht ahnst du:

Du bist gerufen.

Nicht laut, nicht dramatisch – aber deutlich.

Gerufen, um dich zu erinnern.

Gerufen, um in deine Kraft zu treten.

Gerufen, um das zu leben, was du im Innersten schon lange weißt:

Heilung geschieht nicht nur durch Mittel. Sie geschieht durch Verbindung.

Die Rückkehr des Weiblichen – nicht gegen, sondern mi

Die Heilerin der neuen Zeit ist keine Gegenbewegung.

Sie ist eine Rückbesinnung.

Sie steht nicht im Kampf mit der Wissenschaft, mit Ärzten, mit Technik oder Fortschritt.

Sie ergänzt, was fehlt:

Das Fühlen.

Das Vertrauen.

Das Wissen, das aus Jahrhunderten kommt – nicht aus Büchern, sondern aus Händen, Herzen und Erde.

Sie verbindet sich wieder mit der Natur, mit dem Rhythmus der Jahreszeiten, mit den Kräften des Mondes, des Wassers, der Sonne, der Erde.

Sie weiß: Jede Pflanze hat eine Seele.

Jeder Schmerz hat eine Botschaft.

Jede Frau trägt heilende Kräfte in sich – wenn sie sich erinnert, wie.

Und genau deshalb ist diese Zeit so besonders:

Weil sie uns alle – Männer wie Frauen – aufruft, uns selbst zu begegnen.

Uns nicht mehr zu verlieren im Außen, sondern zurückzufinden ins Zentrum. In das, was uns ausmacht:

Unser Spüren. Unser inneres Wissen. Unser Vertrauen in die Zyklen des Lebens.

Dieses Buch ist kein Lehrbuch. Es ist eine Einladung.

Du brauchst keine Ausbildung, keine Erlaubnis, keine

Initiation, um Heilerin zu sein.

Du brauchst nur die Bereitschaft, wieder zu fühlen.

Dieses Buch gibt dir keine Dogmen. Es drückt dir keine Richtung auf.

Es lädt dich ein, dich selbst neu zu entdecken.

Vielleicht in einer selbstgerührten Kräutersalbe.

Vielleicht in einem Fußbad bei Neumond.

Vielleicht in einem Gebet, das du flüsterst, während die Sonne untergeht.

Vielleicht im Blick eines Tieres, das dich anschaut, als kenne es dich seit Jahrhunderten.

Vielleicht auch einfach in dem Moment, in dem du deinem eigenen Herzen wieder zuhörst.

Was dich erwartet

In diesem Buch findest du:

Pflanzenwissen, das praktisch und magisch zugleich ist

Rezepte, die heilen, nähren, verbinden

Rituale, die dich mit den Elementen in Einklang bringen

Impulse, die dich erinnern, wer du bist

Meditationen, die dich an deine Mitte führen

Affirmationen, die dich kraftvoll begleiten

und vieles mehr, das dich darin unterstützt, deine eigene Heilerin zu werden – oder sie wiederzufinden.

Egal, ob du am Anfang stehst oder schon tief in deinem Weg bist – dieses Buch will dich nicht belehren.

Es will berühren.

Und es will, dass du dich erinnerst:

Du warst nie getrennt. Du hast nur vergessen.

Ein Weg zurück – zu dir

Die Heilerin der neuen Zeit trägt kein weißes Gewand.

Sie trägt Gartenhandschuhe, manchmal Tränen, oft offene Arme.

Sie lebt im Alltag, zwischen Wäsche, Arbeit, Sorgen – und sie findet trotzdem Momente des Lichts.

Sie ist sanft und stark zugleich.

Sie heilt nicht, weil sie es „muss". Sie heilt, weil es in ihrer Natur liegt.

Und vielleicht spürst du es jetzt schon:

Du bist eine von ihnen.

Du warst es immer.

Dieses Buch ist für dich.

Damit du zurückfindest — und weitergehst.

Als Heilerin. Als Frau. Als Seele im Licht.

Jetzt kann dein Weg beginnen.

Kapitel für Kapitel. Pflanze für Pflanze. Wort für Wort.

Ich begleite dich.

Bereit?

Dann gehen wir gemeinsam los.

Kapitel 1: Die Kraft der Pflanzen – altes Wissen neu belebt

Wenn du durch einen Garten gehst, durch einen Wald, über eine Wiese – was siehst du?

Grün, vielleicht. Blumen. Unkraut? Oder… siehst du Wesen, Begleiter, kleine Helfer, die geduldig warten, bis du dich erinnerst?

Jede Pflanze hat eine Kraft.

Nicht nur durch Inhaltsstoffe oder Wirkstoffe, wie es die Wissenschaft beschreibt – sondern durch ihr Wesen, durch ihren Rhythmus, ihre Signatur.

Die Heilerin der neuen Zeit geht nicht nur mit Rezepten durch den Kräutergarten – sie geht mit dem Herzen.

❈ Pflanzen sprechen – wenn du lernst zuzuhören

Die ältesten Heilerinnen und Heilkundigen lernten nicht durch Bücher, sondern durch Beobachtung, Intuition und Stille.

Sie sahen, wie sich eine Pflanze zum Licht streckt. Wie sie wächst, blüht, heilt – und vergeht.

Sie fühlten, was die Brennnessel sagen will (Schutz, Reinigung, Kraft) oder warum die Schafgarbe hilft, Wunden zu schließen – körperlich wie seelisch.

Sie fragten nicht nur: "Was kann diese Pflanze?"

Sondern: "Was will sie mir zeigen?"

Heute darf dieses Wissen zurückkehren.

In moderner Sprache. Alltagsnah. Und gleichzeitig tief verbunden mit den uralten Wegen.

🌸 Pflanzenseelen und ihre Botschaften

Einige Beispiele:

Lavendel – beruhigt nicht nur die Nerven, sondern lädt dich ein, Loszulassen, Kontrolle abzugeben, dich dem

Fluss des Lebens anzuvertrauen.

Johanniskraut – schenkt nicht nur Sonnenkraft bei Depressionen, sondern erinnert dich an dein inneres Licht, das auch an dunklen Tagen leuchtet.

Salbei – reinigt Räume und Gedanken, stärkt Grenzen und Klarheit. Er fragt dich: „Was gehört wirklich zu dir und was darf gehen?"

Frauenmantel – schmiegt sich um die weibliche Seele wie ein schützender Mantel. Er heilt nicht nur den Zyklus, sondern auch dein Selbstbild als Frau.

Jede dieser Pflanzen wirkt körperlich – aber vor allem wirkt sie auch auf die Seelenebene.

🌱 Pflanze, Pflege, Verbindung

Als Heilerin der neuen Zeit brauchst du keine riesigen

Beete oder perfekte Bedingungen.

Schon ein Balkonkasten, ein Blumentopf auf der Fensterbank, ein Gang in den Wald reicht.

Es geht nicht darum, „alles zu haben".

Es geht darum, mit dem zu arbeiten, was da ist – bewusst.

✿ Frage dich bei jeder Pflanze, die du pflanzt oder pflückst:

Was spüre ich beim Ansehen?

Welche Erinnerung kommt hoch?

Was möchte ich heilen oder nähren – in mir?

Wenn du so mit Pflanzen arbeitest, werden sie zu Verbündeten.

Sie sind keine „Rohstoffe". Sie sind Wesen, die mit dir wirken.

🍂 Der innere Kräutergarten

Die Heilerin der neuen Zeit trägt auch einen Garten in sich.

Dort wachsen Vertrauen, Mitgefühl, Intuition, Klarheit.

Und dieser Garten darf gepflegt werden – genau wie der äußere.

Denn:

Wenn du dich mit Pflanzen verbindest, heilst du nicht nur andere – du heilst auch dich selbst.

Mit jedem Tee, jeder Salbe, jeder Berührung.

Du erinnerst dich.

Und die Pflanzen erinnern sich mit dir.

Abschluss dieses Kapitels – kleine Übung:

Pflanzenmeditation – Die erste Begegnung

Setz dich mit geschlossenen Augen in einen ruhigen Raum.

Stell dir eine Wiese vor. Du gehst langsam hindurch.

Plötzlich siehst du eine Pflanze. Du weißt sofort: Sie ist für dich da.

Schau sie an. Frag sie leise:

Was willst du mir zeigen? Was brauchst du von mir?

Höre, was kommt – ohne zu zweifeln.

Vielleicht ist es ein Wort. Ein Bild. Ein Gefühl.

Wenn du möchtest, male die Pflanze danach. Oder suche sie in einem Buch.

Sie ist dein erster pflanzlicher Verbündeter auf diesem Weg.

Im nächsten Kapitel widmen wir uns ganz praktisch der Herstellung deiner eigenen Kräutersalben – für Haut, Körper und Seele.

Bereit für Kapitel 2?

Kapitel 2: Kräutersalben zum Selbermachen – Heilsame Berührung aus der Natur

Seit Jahrtausenden rühren Frauen und Heiler*innen Salben.

Nicht in sterilen Laboren, sondern am Feuer, in der Küche, im Gartenhaus.

Mit dem, was die Natur gerade schenkt.

Mit Achtsamkeit. Und mit der Kraft der Hände.

Eine Salbe ist nicht nur ein Heilmittel.

Sie ist eine Verbindung.

Zwischen Pflanze und Mensch.

Zwischen Haut und Seele.

Zwischen dem Jetzt – und dem alten Wissen, das in dir lebt.

🫙 Was ist eine Salbe?

Eine Salbe ist eine Mischung aus:

Öl (z. B. Olivenöl, Hanföl, Mandelöl) – um Wirkstoffe zu lösen und zu pflegen

Fett oder Wachs (z. B. Bienenwachs, Sheabutter) – um die Salbe fest zu machen

Kräuterauszügen – die über Tage in Öl eingelegt werden

und evtl. ätherischen Ölen – für gezielte Wirkungen od
feinstoffliche Unterstützung

🌿 Grundrezept für deine erste Heilsalbe

Du brauchst:

100 ml Pflanzenöl (z. B. Olivenöl, Ringelblumenmazerat
Johanniskrautöl)

10–15 g Bienenwachs oder vegan: Carnaubawachs

Optional: 5–10 Tropfen ätherisches Öl (z. B. Lavendel,
Teebaum, Wacholder)

Saubere Schraubgläser oder Cremetiegel

So geht's:

Das Öl zusammen mit dem Wachs in einem Glas im Wasserbad langsam erwärmen.

Rühren, bis das Wachs vollständig geschmolzen ist.

Ätherische Öle erst ganz am Ende einrühren (nachdem die Mischung etwas abgekühlt ist).

In sterile Gläser abfüllen, beschriften, kühl und dunkel lagern.

☞ Haltbarkeit: ca. 6 Monate, bei sauberem Arbeiten oft länger.

✿ Kräutersalben für Körper und Seele – Inspirationen aus der Praxis

● 1. Ringelblumensalbe – Klassiker für jede Haut

Wirkung: entzündungshemmend, wundheilend, sanft z empfindlicher Haut

Zutaten: Ringelblumenblüten in Olivenöl ausgezogen, Bienenwachs

Anwendung: bei Schürfwunden, rissiger Haut, Narben, Kinderhaut

● 2. Johanniskrautsalbe – für Nerven, Rücken und Trauer

Wirkung: entspannend, schmerzlindernd, seelisch aufhellend

Zutaten: Rotöl (Johanniskrautöl), Bienenwachs, evtl. Lavendelöl

Achtung: macht sonnenempfindlich! Nicht vor dem Sonnenbad auftragen.

Anwendung: bei Rückenschmerzen, Verstauchungen, melancholischer Stimmung

🌲 3. Wacholdersalbe – für Muskeln & Gelenke

Wirkung: durchblutungsfördernd, wärmend, bewegend

Zutaten: Wacholderbeeren in Öl ausgezogen, ätherisches Wacholderöl, Rosmarinöl

Anwendung: bei Muskelkater, Rheuma, kalten Füßen

🌙 4. Frauenmantelsalbe – für den weiblichen Zyklus

Wirkung: harmonisierend, wärmend, schützend

Zutaten: Frauenmantelkraut, Johanniskrautöl, Bienenwachs

Anwendung: im Unterbauch einreiben bei PMS, Zyklusschmerzen, Übergängen

🛡 5. Schutzsalbe – energetisch stärkend

Wirkung: schützt die Aura, stärkt die Abgrenzung, gibt Sicherheit

Zutaten: Salbeiöl, Wacholderöl, Lavendelöl, etwas Myrrhe

Anwendung: auf Solarplexus oder Handgelenke auftragen vor schwierigen Begegnungen oder bei Erschöpfung

✋ Kleine Rituale beim Salberühren

Salben wirken stärker, wenn du sie bewusst rührst:

Sprich eine kleine Intention beim Rühren:

„Möge diese Salbe heilen, was gesehen werden will."

Rühre im Uhrzeigersinn – das bringt Aufbau und Kraft.

Fülle nur mit warmer, achtsamer Energie ab – keine Eile keine Hektik.

🧘 Anwendung mit Achtsamkeit

Salben sind nicht nur für den Körper.

Wenn du jemanden salbst – oder dich selbst –, sei ganz

da.

Spüre die Haut. Spüre die Pflanze. Spüre dich.

Salben sind Seelenberührung.

Und genau das brauchen wir heute mehr denn je.

Im nächsten Kapitel widmen wir uns den Kräutertees zum Sammeln, Pflanzen und Trinken – ein Schatz für Körper, Herz und Hausapotheke.

Bereit für Kapitel 3?

Kapitel 3: Kräutertees aus Garten, Wald und Balkon – Heilsames Trinken in deiner eigenen Tasse

Ein Tee ist mehr als nur ein warmes Getränk.

Ein Tee ist eine Zeremonie im Kleinen.

Wenn du dir eine Tasse Tee zubereitest, geschieht mehr als bloß Flüssigkeitsaufnahme:

Du nimmst die Seele der Pflanze in dich auf.

Du erlaubst deinem Körper, langsamer zu werden.

Du gibst dir selbst Fürsorge.

Als Heilerin der neuen Zeit ist Tee eines deiner wichtigsten Werkzeuge.

Einfach. Kraftvoll. Alltäglich. Und zutiefst heilsam.

🍵 Die Bedeutung von Tees in der Heilarbeit

Innerliche Anwendung: Viele Kräuter entfalten ihre Wirkung am stärksten als Tee – bei Husten, Schmerzen, Hormonschwankungen, Entzündungen usw.

Seelische Begleitung: Ein Tee kann dich in Stimmungen begleiten – dich beruhigen, stärken, klären oder trösten

Ritualgetränk: Du kannst Tees gezielt zu Mondritualen, Meditationen oder als Morgen-/Abendritual einsetzen.

Brücke zur Natur: Selbstgesammelte Kräuter verbinden dich mit dem Jahreskreis, den Elementen und deinem eigenen Rhythmus.

📅 Sammelkalender – Was wann wächst (Auszug)

Monat Sammelzeit für…

März–April Brennnessel, Gänseblümchen, Scharbockskraut

Mai–Juni Holunderblüten, Spitzwegerich, Frauenmantel

Juli–August Johanniskraut, Schafgarbe, Kamille

Sept–Okt Hagebutte, Salbei, Minze, Thymian

⚙ Tipp: Sammle bei trockenem Wetter am späten Vormittag, wenn der Tau verdunstet ist und die Wirkstoffe am stärksten sind. Schneide achtsam, nie die ganze Pflanze, und danke ihr innerlich.

☙ Kräuter für den eigenen Anbau – Balkon & Garten

Diese Pflanzen wachsen auch auf kleinem Raum:

Pfefferminze – erfrischend, verdauungsfördernd, klärer

Melisse – beruhigend, herzöffnend, nervenstärkend

Thymian – schleimlösend, antibakteriell, kraftvoll

Ringelblume – entzündungshemmend, seelisch schützend

Salbei – reinigend, stärkend, gut bei Halsentzündungen

Basilikum – stimmungsaufhellend, herzkräftigend

Rosmarin – durchblutungsfördernd, anregend für Geist

🕯 Tipp: Arbeite mit Töpfen in Sonnenlage und guter Erde – Kräuter lieben Licht!

🌸 Tee-Mischungen für Frauen in allen Lebensphasen

💝 1. Pubertäts- und Teenietee – sanfter Ausgleich

Frauenmantel

Melisse

Schafgarbe

Rosenblüten

☞ Reguliert den Zyklus, beruhigt Emotionen, stärkt das Selbstgefühl

👶 2. Tee für Kinderwunsch & Gebärmutterstärkung

Himbeerblätter

Beifuß (vorsichtig dosieren!)

Brennnessel

Lavendel

☞ **Reinigung, Aktivierung, Vorbereitung**

🍼 3. Begleitung durch Schwangerschaft

Rooibos (koffeinfrei)

Frauenmantel

Fenchel

Zitronenmelisse

☞ Harmonisierung, Linderung von Übelkeit & Unruhe

🐦 **4. Kraftvoll durch die Wechseljahre**

Salbei

Rotklee

Johanniskraut

Schafgarbe

☞ Schweißregulierend, stimmungsaufhellend, hormonfreundlich

🍵 **Heilsame Ergänzungen**

Honig: beruhigt und stärkt das Immunsystem

Zitrone: bringt Licht & Vitamin C

Ingwer: wärmend, aktivierend

Apfelschalen: geben Süße & verbinden mit dem Eleme
Erde

🌙 Tee als Ritual – eine Einladung

Du kannst dir jeden Tee auch als kleinen Moment der
Einkehr gestalten:

Wähle die Kräuter bewusst – wie fühlst du dich heute?
Was brauchst du?

Bereite sie achtsam zu – gieße sie nicht einfach auf,
sondern segne sie.

Halte die Tasse mit beiden Händen. Spüre die Wärme. Atme den Duft.

Trinke langsam. In Stille. In Verbindung mit dir selbst.

Ein Tee ist eine Umarmung von innen.

Und manchmal beginnt genau da die Heilung.

Im nächsten Kapitel zeige ich dir, wie du deinen eigenen Heilpflanzengarten – oder Balkonapotheke anlegst: mit Liebe, Rhythmus und viel Licht.

Bereit für Kapitel 4?

Kapitel 4: Dein eigener Heilpflanzengarten – Naturapotheke auf Balkon, Terrasse und im Beet

Eine Heilerin braucht keine riesigen Felder – sie braucht

einen Ort, an dem Pflanzen wachsen dürfen.

Ob Garten, Balkon oder Fensterbank:

Wo Liebe gesät wird, wächst Heilung.

Dein persönlicher Heilpflanzengarten ist mehr als nur Anbaufläche.

Er ist ein lebendiges Kraftfeld. Ein heiliger Raum. Ein stiller Lehrer.

Und das Beste: Du kannst heute damit beginnen – egal, wie groß oder klein dein Platz ist.

🌱 Die Magie des Selberpflanzens

Wenn du Kräuter selbst ziehst, geschieht etwas Besonderes:

Du verbindest dich täglich mit ihren Wachstumszyklen.

Du lernst zu lauschen, wann sie Wasser, Licht oder Ruhe

brauchen.

Du entwickelst ein Gespür dafür, wann der richtige Zeitpunkt für Ernte oder Pflege ist.

Du lernst von ihnen: Geduld, Dankbarkeit, Wandel.

Du bist nicht mehr nur Nutzerin – du wirst Hüterin.

🌿 Der Balkon als Apotheke

Selbst ein kleiner Balkon kann ein Schatz sein.

Hier einige Pflanzen, die sich gut in Töpfen ziehen lassen:

Pflanze	Wirkung	Pflegehinweis
Minze	Verdauung, Frische, Reinigung	Halbschatten, feucht halten
Zitronenmelisse	Nerven, Schlaf, Herzöffnung	sonnig

bis halbschattig

Basilikum Stimmung, Herz, Entzündungen viel Licht, nicht zu nass

Rosmarin Kreislauf, Gedächtnis, Energieschub sonnig, trockener Standort

Thymian Atemwege, Erkältung, Schutz trocken, warm, wenig gießen

Salbei Hals, Reinigung, Wechseljahre robust, wen gießen

Lavendel Beruhigung, Schlaf, Hautpflege volle Sonne, trockener Boden

❀ **Tipp: Kombiniere Pflanzen, die ähnliche Licht- und Wasserbedürfnisse haben – so wachsen sie besser.**

✿ **Im Garten – die wilde Vielfalt nutzen**

Wenn du ein Beet oder Stück Erde hast, kannst du deine Naturapotheke richtig entfalten:

Sonnenplatz für mediterrane Kräuter: Lavendel, Salbei, Thymian, Rosmarin

Halbschatten für heimische Helfer: Frauenmantel, Schafgarbe, Kamille

Feuchte Ecken für besondere Kräfte: Beinwell, Zitronenmelisse, Pfefferminze

Nutze Natursteine, kleine Holzschilder, Wassergefäße – so entsteht ein lebendiger, liebevoller Ort.

🌙 Tipp: Pflanze und ernte möglichst in Verbindung mit den Mondphasen – siehe unten.

○ Mondphasen & Pflanzenkraft

Die Heilerin der neuen Zeit arbeitet im Rhythmus des Mondes:

Neumond: Aussäen von Pflanzen, die nach oben wachsen (z. B. Kräuter, Blüten)

Zunehmender Mond: Wachstum fördern, Energie aufbauen

Vollmond: Ernten von besonders kraftvollen Kräutern

Abnehmender Mond: Wurzeln ausgraben, Reinigung, Rückschnitt

Diese Verbindung mit den kosmischen Kräften stärkt nicht nur deine Pflanzen – sondern auch deine innere Mitte.

 **Pflege, Ernte & Konservierung**

Ernte am späten Vormittag bei trockenem Wetter – dar

sind die ätherischen Öle am stärksten.

Trocknen auf Papier, an einem schattigen, luftigen Ort – nicht in der Sonne.

Aufbewahren in dunklen Gläsern oder Papiertüten – kühl und trocken.

Deine Pflanzen danken dir mit Duft, Farbe, Geschmack – und mit heilsamer Wirkung.

💜 Dein Garten als heilsamer Ort

Nicht nur die Pflanzen wirken – auch der Kontakt mit Erde, Licht, Luft und Leben heilt:

Barfuß auf dem Boden stehen: Erdung

Unkraut zupfen in Stille: Meditation

Dem Wachsen zusehen: Vertrauen üben

Sich niederknien: Demütige Verbindung zur Natur

Ein Garten heilt, auch wenn du ihn nicht berührst.

Aber wenn du ihn liebst – heilt er dich doppelt.

Im nächsten Kapitel wenden wir uns der sanften, kraftvollen Homöopathie für Frauen in allen Lebensphasen zu – von der Pubertät bis zu den Wechseljahren.

Bereit für Kapitel 5?

Kapitel 5: Homöopathie für Frauen – Sanfte Begleiter durch alle Lebensphasen

Homöopathie ist wie ein Flüstern.

Nicht laut, nicht aufdringlich – aber tief wirkend.

Sie erinnert den Körper an seine Selbstheilungskraft.

Gerade für Frauen, die oft zwischen Hormonen, Emotionen und Erwartungen zerrieben werden, ist sie eine stille Freundin.

Eine, die keine Nebenwirkungen hat, aber große Wirkung entfalten kann – wenn sie mit Liebe und Achtsamkeit eingesetzt wird.

Als Heilerin der neuen Zeit nutzt du Homöopathie nicht als Ersatz für alles, sondern als Ergänzung.

Du wählst intuitiv. Du beobachtest genau. Du gibst Impulse – keinen Druck.

🌀 Grundprinzipien – sanft, tief, individuell

Weniger ist mehr: Nimm nur ein Mittel zurzeit – beobachte seine Wirkung

D6 oder D12: Für den Hausgebrauch bewährt – fein

genug, aber noch körpernah

Wirkung beobachten: bei körperlichen wie seelischen Themen

Nicht ständig wiederholen: Sobald eine Besserung eintritt – pausieren

Homöopathie wirkt oft auf mehreren Ebenen: Körper, Geist, Seele – genau wie du.

✿ Lebensphasen der Frau & passende Mittel

♟ Pubertät – Wenn das Mädchen zur Frau wird

Themen: erste Menstruation, Stimmungsschwankungen, Haut, Selbstwert

Pulsatilla D12: bei Weinen ohne Grund, Unsicherheit, starker Wechsel von Nähebedürfnis und Rückzug

Sepia D12: bei Ablehnung der Veränderungen, Zyklusunregelmäßigkeiten, Gereiztheit

Calcium carbonicum D12: bei langsam entwickelnden Mädchen, Müdigkeit, Überforderung

Silicea D12: bei unreiner Haut, schwacher Immunabwehr

✸ **Ritualtipp:** Ein „Willkommenskreis" zur ersten Menstruation mit Tee, Kerzen, Blumen und kleinen Geschenken – stärkt das Selbstbild.

👪 Kinderwunsch, Schwangerschaft & Stillzeit

Themen: Empfängnis, hormonelle Balance, Übelkeit, Müdigkeit, Rückbildung

Agnus castus D6: bei unregelmäßigem Zyklus,

Nux vomica D12: bei Übelkeit, Stress, Empfindlichkeit Gerüche

Sepia D12: bei Erschöpfung in der Schwangerschaft, Rückzugswunsch, Stimmungstiefs

Bryonia D12: bei spannenden Brüsten, Milchstau

✳ Tipp: In dieser Zeit auf sanfte Tees (Melisse, Himbeerblätter) und liebevolle Selbstpflege achten – s wirken wie zusätzliche Heilmittel.

🧘 Wechseljahre – Zeit des inneren Umbruchs

Themen: Hitzewallungen, Schlafprobleme, Stimmungsschwankungen, Neuausrichtung

Lachesis D12: bei Hitzewellen, innerer Unruhe, Gereiztheit, wenn Kleidung nicht ertragen wird

Sepia D12: bei Gefühl der „Leere", Lustlosigkeit, innerem Abschied

Sulfur D12: bei Hitzegefühlen, starkem Schwitzen, trockener Haut

Cimicifuga D12: bei depressiver Verstimmung, Rückzug, Schmerzen im Rücken oder Beckenbereich

❀ **Seelentipp:** Jede Wallung ist ein „Feuer der Wandlung". Die Seele reinigt sich. Du wirst zur weisen Frau.

💜 **Akuthelfer für Frauen – deine kleine Hausapotheke**

Arnica D12: nach Stößen, Prellungen, Operationen (z. B. Kaiserschnitt, Ausschabung)

Belladonna D12: bei plötzlichem Fieber, Rötung, Schmerzen mit Hitze

Chamomilla D12: bei Zorn, Regelschmerzen, Zahnungsähnlichem Ziehen

Gelsemium D12: bei Schwäche, Prüfungsangst, lähmender Müdigkeit

☯ Energetische Anwendung & Intuition

Manchmal spürst du ein Mittel, bevor du den Namen liest.

Du siehst es im Regal. Du denkst plötzlich daran.

Diese „Zufälle" sind oft Hinweise deiner Intuition – der Stimme deiner inneren Heilerin.

Du kannst Mittel auch energetisch „verabreichen" – z. B. indem du eine Gabe auf den Altar legst, sie in eine

Meditation einbindest oder über dein Energiefeld „einschwingst".

Auch das wirkt – wenn dein Herz dabei ist.

🌷 Abschlussgedanke

Homöopathie ist wie eine Erinnerung.

Sie ruft nicht: Sie flüstert.

Und manchmal ist ein Flüstern alles, was es braucht, damit ein neuer Weg beginnt.

Im nächsten Kapitel steigen wir in die alte Kunst des Besprechens ein – heilige Worte, die heilen, schützen und verwandeln.

Bereit für Kapitel 6?

Kapitel 6: Besprechen – Heilige Worte, die heilen

Es ist ein uraltes Wissen.

Es braucht keine Geräte, keine Medikamente, keine großen Gesten.

Nur Worte.

Worte, gesprochen in Liebe, mit Absicht – zur richtigen Zeit, im richtigen Raum.

Besprechen ist keine Methode. Es ist eine Haltung.

Eine Verbindung zwischen dir, dem Menschen, der Hilfe sucht, und einer heilenden Kraft, die größer ist als wir.

Als Heilerin der neuen Zeit erinnerst du dich vielleicht.

Oder du spürst zumindest: Da ist etwas... das ich kenne, ohne es gelernt zu haben.

🔥 Was ist Besprechen?

Besprechen ist das heilende Sprechen.

Es ist das Sagen heiliger Worte – meist im Flüsterton – über eine kranke Stelle, eine Wunde, eine innere Not.

Es wird überliefert, von Mund zu Ohr. Von Herz zu Herz.

Meist über drei Generationen hinweg.

Aber das neue Zeitalter erlaubt auch neue Wege.

Worte, die nicht du erfindest – sondern die durch dich fließen.

Sie wirken nicht, weil sie klug sind, sondern weil sie aus dem inneren Licht kommen.

Du bist dabei nur die Brücke.

✨ Die drei Grundpfeiler des Besprechens

Absicht: Deine ehrliche Bereitschaft, zu helfen – ohne Ego, ohne Erwartung.

Verbindung: Du verbindest dich mit der göttlichen, universellen, heilenden Kraft – wie auch immer du sie nennst.

Wortkraft: Du sprichst langsam, leise, kraftvoll – als ob du der Seele eine neue Melodie beibringst.

🕯 **Wann wird besprochen?**

Bei körperlichen Leiden: Warzen, Gürtelrose, Schmerze Entzündungen

Bei seelischen Zuständen: Angst, Trauer, Panik, Schlaflosigkeit

Bei Übergängen: Geburt, Trennung, Tod

Bei Besetzungsgefühlen oder "Fremdenergien"

Traditionell: morgens, mittags, abends – an drei oder neun aufeinanderfolgenden Tagen

Oder: Wenn du den inneren Ruf fühlst.

Worte mit Kraft – Beispiele zum Üben

Zum Besprechen von Warzen (klassisch):

„Warze, Warze, geh von dannen,

ins Feuer, in den Wind,

kehr nicht mehr zurück – so sei es,

im Namen der heiligen Kraft."

Bei Schmerzen oder Fieber:

„Ich nehme den Schmerz, ich geb ihn ab,

an das Feuer, das ihn wandelt.

Heilung fließe, Licht geschehe.

Möge Ruhe dich nun finden."

Bei Angstzuständen:

„Angst, ich sehe dich, aber ich nähre dich nicht.

Du darfst jetzt gehen.

Die Kraft ist größer. Die Liebe bleibt."

🗣️ Bei Gürtelrose:

(besonders bei Vollmond, dreimal täglich)

„Rose, die du brennst – ich lösch dich mit dem Wort.

Dein Kreis ist gebrochen.

Was du trägst, wird nun entlassen.

Heilung kehrt ein, so soll es sein."

🧘 Vorbereitung auf ein Besprechen

Räume klären: Kerze, Räucherwerk, evtl. energetische Reinigung

Kurzes Gebet oder Satz wie:

„Ich bin nur Werkzeug. Möge das Licht durch mich wirken."

Hände still auflegen oder über die betroffene Stelle halten

Die Worte drei-, sieben- oder neunmal sprechen – intuitiv

💡 Viele Heiler*innen flüstern beim Ausatmen – das verstärkt die Wirkung.

🐬 Dein persönlicher Heilvers

Vielleicht hast du schon einmal im Traum ein Wort gehört.

Oder du hast in einem Moment der Stille plötzlich etwas „gewusst".

Diese Sätze sind oft deine eigenen Heilsätze.

Schreib sie auf. Sprich sie regelmäßig.

Vertrau darauf: Was aus deinem Inneren kommt, ist immer kraftvoll.

🔐 Der geistige Schutz beim Besprechen

Du arbeitest mit offenen Feldern. Deshalb gilt:

Immer energetisch abgrenzen nach der Sitzung

Hände waschen – symbolisch und real

Dank aussprechen – an die geistige Welt, an die Person an dich selbst

Rituale schließen, z. B. mit einer kleinen Verneigung od Kerzenlöschen

Besprechen ist das Erinnern an deine Stimme als Werkzeug.

Nicht zum Überzeugen – sondern zum Heilen.

Still. Klar. Kraftvoll.

Im nächsten Kapitel geht es weiter mit den Mondritualen – Wie du im Zyklus des Lichts lebst und wirkst.

Bereit für Kapitel 7?

Kapitel 7: Mondrituale – Leben im Zyklus des Lichts

Der Mond ist mehr als ein Himmelskörper.

Er ist Spiegel, Taktgeber, Seelenfreund.

Er zieht nicht nur das Meer – sondern auch unser Inneres.

Als Heilerin der neuen Zeit folgst du nicht einem Kalender –

du folgst den Zyklen des Lichts.

Du beginnst, dich wieder einzustimmen – auf das, was größer ist als du, aber in dir wirkt.

Der Mond erinnert dich:

Alles hat seine Zeit.

Wachsen. Reifen. Loslassen. Ruhen.

Wenn du im Rhythmus des Mondes lebst, wird dein Alltag heiliger –

und dein Herz ruhiger.

● Die vier Hauptphasen des Mondes

1. Neumond – Die Zeit der Stille

Rückzug, Innenschau, Neubeginn

Ideal für: Wünsche, Gebete, neue Projekte

2. Zunehmender Mond – Kraftaufbau

Energie wächst, Motivation steigt

Ideal für: Aufbau, Heilmittelherstellung, Körperstärkung

3. Vollmond – Höhepunkt der Energie

Klarheit, Emotionen, Sichtbarkeit

Ideal für: Dankbarkeit, Rituale der Fülle, kraftvolles Manifestieren

4. Abnehmender Mond – Reinigung & Loslassen

Entrümpeln, Entgiften, Abschied nehmen

Ideal für: Fasten, Klärung, Trennung von Altem

☽ Deine Mondrituale – Magie in kleinen Momenten

🕯 Ritual zum Neumond – Samen säen

Bereite dir einen stillen Raum mit Kerze, Papier, Stift.

Schreibe drei Herzenswünsche auf – keine „Ziele",
sondern echte Herzensimpulse.

Halte das Papier an dein Herz. Sprich:

„Ich öffne mich für das Neue.

Ich empfange mit Liebe.

Möge das wachsen, was mir dient."

Vergrabe das Papier in einem Blumentopf oder draußen
in der Erde.

Beobachte, wie auch in dir etwas zu keimen beginnt.

🔥 Vollmondritual – Deine Kraft feiern

Suche dir einen Ort mit Blick zum Himmel – Terrasse,
Fensterbank, Wiese.

Zünde eine helle Kerze an.

Schreibe auf, wofür du dankbar bist.

Stell dich barfuß hin. Atme. Spüre.

Sprich:

„Ich bin bereit, mein Licht zu leben.

Ich danke für alles, was ich bin.

Ich segne mich, mein Leben, meinen Weg."

Wenn möglich: Tanze. Bewege dich. Lache. Spüre die Lebendigkeit.

● Ritual zum abnehmenden Mond – Loslassen

Nimm eine Schüssel mit Wasser.

Schreibe auf einen Zettel, was du loslassen willst – Schmerz, Sorgen, alte Muster.

Tauche ihn ins Wasser.

Stell dir vor, wie sich alles darin auflöst.

Sprich:

„Ich entlasse, was mir nicht mehr dient.

Ich befreie mein Herz.

Ich kehre zurück zu meiner Mitte."

Gieße das Wasser anschließend achtsam auf die Erde. Lass los.

💝 Der weibliche Zyklus & der Mond

Viele Frauen menstruieren zum Neumond – Rückzug, Reinigung

Der Eisprung fällt oft auf den Vollmond – Empfängnis, Kreativität

Wenn dein Zyklus abweicht: Kein Fehler – dein Körper

tanzt in seinem eigenen Takt

Nutze die Mondphasen, um deinen Zyklus besser zu verstehen und zu begleiten – mit Tees, Bädern, Salben und Stille.

🌑 Die Mondin als Spiegel deiner Seele

Der Mond zeigt sich nie gleich – mal rund, mal schmal, mal verborgen.

So bist auch du.

Du musst nicht immer „voll" sein, nicht immer sichtbar, nicht immer stark.

Manchmal bist du leer – und auch das ist heilig.

Die Mondin sagt:

Du darfst dich wandeln.

Immer wieder. Und immer wieder neu.

Im nächsten Kapitel folgen wir dem goldenen Bruder d
Mondin:

der Sonne – mit ihren Strahlen, ihrer Klarheit, ihrer Kr

Bereit für Kapitel 8: Sonnenrituale?

Kapitel 8: Sonnenrituale – Strahlkraft & Aktivierung

Wenn der Mond uns zur Stille ruft, ruft die Sonne uns
zum Handeln.

Sie ist das Feuer in dir.

Sie ist das Licht, das du gibst – nicht nur das, das du
empfängst.

Die Sonne steht für Lebenskraft, Präsenz, Klarheit, Mu

Sie will, dass du gesehen wirst.

Nicht aus Eitelkeit – sondern weil dein Licht anderen
Orientierung gibt.

Als Heilerin der neuen Zeit lernst du, mit beiden Kräfte

zu tanzen:

Mond = Innenwelt.

Sonne = Außenwirkung.

Beide gehören zusammen. Und beide wirken durch dich.

○ Was die Sonne symbolisiert

Licht: Bewusstsein, Erkennen, Wahrhaftigkeit

Wärme: Nächstenliebe, Herzöffnung, Berührung

Feuer: Transformation, Durchsetzung, Schutz

Richtung: Klare Ziele, Lebensausdruck, Mut zum Gehen

In vielen Kulturen ist die Sonne göttlich.

Ein tägliches Wunder – und ein starker Verbündeter für deine Rituale.

💜 Sonnenaufgangsritual – Für Neuanfänge & Mut

Stell dich morgens mit Blick zur aufgehenden Sonne ans Fenster, in den Garten oder auf den Balkon.

Atme tief.

Stell dir vor, wie du mit jedem Atemzug Sonnenlicht aufnimmst – nicht nur in die Lunge, sondern in dein Herzzentrum.

Sprich langsam, bewusst:

„Ich empfange den Tag.

Ich gehe mutig meinen Weg.

Ich bin ein Licht – für mich, für andere, für das Leben."

Optional: Trage danach einen Gegenstand (z. B. Sonnenstein, goldene Kette) bei dir, der dich tagsüber an dein inneres Licht erinnert.

🔥 Ritual zur Sommersonnenwende (21. Juni) – Das große Feuerritual

Die längste Zeit des Lichts – ein uraltes Fest der Kraft, Fruchtbarkeit und Reinigung.

Du brauchst: eine Kerze, ein Wunschzettel, eine Schale für Asche

Setz dich abends draußen oder am Fenster hin.

Zünde die Kerze an.

Schreibe auf, was du manifestieren willst: Kraft, Projekte, Liebe, Selbstvertrauen...

Sprich:

„Wie das Licht sich entfaltet, so entfaltet sich mein Weg.

Ich danke für mein Feuer.

Möge es weise brennen – hell und wahrhaftig."

Verbrenne den Zettel in der Schale. Lass das Feuer dein Bündnis mit dir selbst bezeugen.

☀ Sonnenwasser herstellen – Licht trinken

Fülle eine Glaskaraffe mit frischem Quell- oder Leitungswasser.

Gib frische Kräuter (z. B. Zitronenmelisse, Minze) oder einen Sonnenstein (z. B. Bergkristall) hinein.

Stell die Karaffe morgens für 1–2 Stunden in die Sonne

Trinke das Wasser bewusst:

als Lichtelixier, als Energiespender, als „flüssige Sonne"

Du kannst dabei sprechen:

„Ich trinke Licht.

Ich strahle aus.

Ich bin verbunden mit der Sonne in mir."

🧘 Deine innere Sonne – Meditation für Klarheit

Setz dich aufrecht hin.

Schließe die Augen.

Spüre deinen Solarplexus – die Region über dem Nabel.

Stell dir dort eine kleine, goldene Sonne vor.

Sie leuchtet ruhig, aber kraftvoll.

Mit jedem Atemzug wird sie größer.

Sie wärmt deinen ganzen Körper.

Sie erhellt deine Gedanken.

Sie bringt Mut, Entschlossenheit, Vertrauen.

Bleib so 5–10 Minuten. Dann öffne langsam die Augen

Spüre: Du bist Licht. Nicht nur im Außen – auch im Innersten.

Die Sonne sagt:

Sei sichtbar.

Sei echt.

Scheine – nicht um zu glänzen,

sondern um zu wärmen.

Im nächsten Kapitel begegnen wir dem Wasser – dem Element der Tiefe, Reinigung, Intuition und Heilung.

Ein stiller Spiegel – und zugleich ein machtvoller Strom

Bereit für Kapitel 9: Wasserrituale?

Kapitel 9: Wasserrituale – Reinigung, Erinnerung & Rückverbindung

Wasser ist Leben.

Es ist Ursprung, Fluss, Spiegel.

Es weint mit dir, wenn du traurig bist.

Es trägt dich, wenn du loslässt.

Es erinnert dich, wer du wirklich bist – unter allen Masken, Meinungen und Mühen.

Als Heilerin der neuen Zeit ist Wasser eines deiner stärksten Werkzeuge.

Nicht, weil es laut ist. Sondern weil es alles durchdringt.

Es speichert Informationen, Gefühle, Energie.

Und es hilft dir, zu reinigen, zu klären, zu verbinden.

🌑 **Was Wasser in der Heilarbeit bedeutet**

Reinigt Körper & Aura

Trägt Rituale, Gebete, Erinnerungen

Verbindet dich mit deinem Ursprung

Hilft beim Loslassen von Altlasten, Schmerz und
Fremdenergien

Stärkt Intuition, Weiblichkeit und Hingabe

In fast allen spirituellen Traditionen ist Wasser das
Übergangselement – zwischen Welten, Zuständen,
Bewusstseinsebenen.

💧 Einfaches Wasserritual – für jeden Tag

Nimm morgens oder abends bewusst deine Dusche ode
dein Waschbeckenritual als heiligen Moment.

Schließe die Augen.

Spüre das Wasser.

Sprich dabei innerlich oder laut:

„Ich lasse los, was nicht zu mir gehört.

Ich reinige mich von Angst, Schwere, Fremdem.

Ich kehre zurück zu mir – klar, frisch, frei."

Stell dir vor, wie alles Belastende in den Abfluss fließt –
und von Mutter Erde transformiert wird.

✸ Fußbad-Ritual – Erdung & Entgiftung

Fülle eine Schüssel mit warmem Wasser. Gib hinzu:

1 Handvoll Salz

getrockneten Beifuß oder Lavendel

ggf. ein paar Tropfen ätherisches Öl (z. B. Wacholder, Zitrone)

Setz dich ruhig hin, tauche deine Füße ein.

Spüre die Verbindung zur Erde.

Sprich:

„Ich komme zurück in meinen Körper.

Ich lasse den Tag los.

Ich bin gehalten – im Fluss und im Jetzt."

🌿 Tipp: Danach nicht sofort wieder Schuhe anziehen – sondern barfuß noch ein paar Minuten nachspüren.

○ Ritual mit Mondwasser – Weibliche Intuition stärken

Fülle eine Glaskaraffe mit Wasser.

Stelle sie über Nacht bei Vollmond ins Freie oder ans Fenster.

Am nächsten Morgen: Trinke einen Schluck oder nutze es zum Gesichtwaschen.

Sprich beim Trinken:

„Ich trinke Licht und Tiefe.

Ich ehre meine Intuition.

Ich höre wieder auf meine innere Stimme."

🌢 Du kannst auch einen Tropfen dieses Wassers auf dein Herz oder Stirnchakra geben – als energetische Erinnerung.

🐾 Ritual am fließenden Gewässer – Für Abschied & Neubeginn

Geh zu einem Fluss, Bach oder Quell.

Schreibe auf einen Zettel, was du loslassen willst: eine Angst, einen Gedanken, eine vergangene Beziehung.

Falte den Zettel. Halte ihn über das Wasser.

Sprich:

„Ich gebe dich dem Fluss.

Du hast mir gedient. Jetzt darfst du gehen.

Ich bin frei."

(Wenn erlaubt & ökologisch vertretbar: Lass den Zettel im Wasser ziehen – oder verbrenne ihn danach am Ufer

💜 Tränen als heiliges Wasser

Vergiss nie: Auch deine Tränen sind heilig.

Sie sind Heilwasser der Seele.

Unterdrücke sie nicht.

Weine bewusst, wenn es kommt – auch das ist ein Ritual.

Sprich (innerlich oder laut):

„Diese Tränen tragen Licht in die Tiefe.

Ich reinige mich. Ich heile mich.

Ich ehre mein Gefühl."

🐚 Verbindung mit Wasserwesen & Ahnen

Manche Frauen spüren beim Wasser ein tiefes Sehnen.

Eine Erinnerung.

An frühere Leben als Wassermagierin, Seherin, Meerfrau, Priesterin der Tiefe.

Wenn du dich davon angesprochen fühlst, sprich am Wasser:

„Ihr alten Wasserwesen – ich erinnere mich.

Führt mich durch das Vergessene.

Zeigt mir, was ich wieder in mir wecken darf."

Du wirst sehen: das Wasser antwortet – still, aber spürbar.

Wasser sagt:

Ich bin weich – aber ich trage Felsen fort.

Ich bin klar – und doch unergründlich.

Ich bin du – wenn du endlich wieder fühlst.

Im nächsten Kapitel verbinden wir uns mit dem festen Grund unter unseren Füßen:

Erde – das Element der Kraft, der Wurzeln, der Geborgenheit.

Bereit für Kapitel 10: Erdrituale?

Kapitel 10: Erdrituale – Geborgenheit, Verwurzelung & Ahnenkraft

Die Erde ist unsere Mutter.

Sie nährt uns, trägt uns, hält uns – immer.

Wenn du krank bist, legt sie dich sanft hin.

Wenn du dich verlierst, flüstert sie: „Komm zurück. Ich bin da."

Sie urteilt nicht. Sie kennt keine Eile. Sie ist immer in sich ruhend.

Als Heilerin der neuen Zeit brauchst du nicht höher, schneller, weiter.

Du brauchst Tiefe.

Und diese Tiefe findest du in der Erde – und in dir selbst.

🌍 Die Kraft der Erde

Verwurzelung: Du weißt, wo du hingehörst

Geborgenheit: Du spürst dich wieder als Teil eines Ganzen

Ruhe: Du musst nicht funktionieren, du darfst sein

Klarheit: Du trennst zwischen Eigenem und Fremdem

Körperbewusstsein: Du kommst zurück in den Leib, ins Fühlen, in den Takt

🗿 **Erdritual zum Ankommen – „Ich bin hier"**

Stell dich barfuß auf einen festen Boden – Wiese, Waldboden, Erde, Sand

Atme tief durch die Nase ein, durch den Mund aus

Stell dir vor, wie aus deinen Fußsohlen Wurzeln wachsen

Sie graben sich tief in die Erde, verankern dich

Sprich laut oder leise:

„Ich bin hier.

Ich gehöre zur Erde.

Ich bin gehalten – jederzeit."

Spüre, wie dein Atem ruhiger wird.

Bleibe mindestens 5–10 Minuten in dieser Verbindung.

🌳 **Ritual mit einem Baum – Kraft und Rat der Alten**

Geh zu einem alten Baum – einem, der dich ruft

Lege beide Hände an seinen Stamm

Spüre den Herzschlag des Lebens darin

Frag leise:

„Was darf ich loslassen?

Was darf ich erkennen?"

Du wirst vielleicht Worte, Bilder oder nur ein Gefühl empfangen

Dank dem Baum am Ende. Vielleicht legst du ihm eine Gabe zu Füßen – eine Blüte, ein Stein, dein stilles Herz

🫙 Erdendes Räucherritual

Räuchermischung für Erdung:

Myrrhe

Patchouli

Vetiver

Zeder

Zünde das Räucherwerk an.

Setz dich mit geradem Rücken hin.

Atme den Rauch nicht tief ein – spüre ihn.

Visualisiere: Jeder Rauchfaden sinkt tief in dich – bringt dich zurück in deinen Körper, in deine Kraft.

🌿 Verbindung mit den Ahninnen – deine Linie stärken

Zünde eine Kerze an – gern in Erdfarben oder Naturtönen

Stell dir deine Mutterlinie vor: Mutter, Großmutter, Urgroßmutter, und alle Frauen davor

Auch wenn du sie nicht kennst – sie leben in dir

Sprich:

„Ich ehre die Frauen, die vor mir gingen.

Ich danke euch für Leben, Stärke und Weg.

Ich trage euch weiter – in Licht und Frieden."

Spüre, was kommt. Vielleicht Bilder. Vielleicht ein stille
Seufzen. Vielleicht gar nichts – und doch viel.

🌿 Erdmassage – mit heilender Salbe

Wähle eine selbstgemachte Salbe (z. B. mit Beinwell,
Ringelblume oder Rosmarin)

Wärm sie leicht in deinen Händen

Massiere langsam deine Beine, Füße, Arme – mit dem
Gefühl: Ich komme zurück in meinen Körper

Sprich währenddessen:

„Ich danke meinem Körper.

Ich danke meiner Erde.

Ich bin sicher. Ich bin stark. Ich bin zu Hause."

Die Erde sagt:

Du brauchst keine Flügel – du brauchst Wurzeln.

Je tiefer du gehst, desto weiter kannst du wachsen.

Im nächsten Kapitel heben wir wieder ab – ins Unsichtbare, ins Feine, ins Lichthafte:

Wir betreten das Reich des Äthers – des Raumes zwischen den Dingen, der Geistigkeit, der Verbindung.

Bereit für Kapitel 11: Ätherrituale?

Kapitel 11: Ätherrituale – Verbindung zum Unsichtbaren

Der Äther ist das, was zwischen allem ist.

Er ist Raum, Geist, Licht.

Nicht sichtbar – aber spürbar.

Nicht greifbar – aber wirkungsvoll.

Er ist das, was in einem stillen Raum plötzlich vibriert,
wenn Wahrheit da ist.

Was dich frösteln lässt, obwohl kein Wind geht.

Was Türen öffnet, die niemand sieht – außer deinem
inneren Auge.

Als Heilerin der neuen Zeit ist der Äther dein spirituelle
Element.

Er verbindet dich mit allem, was größer ist als Worte:

Geistführer, Krafttiere, Lichtwesen, Ahnen, göttliche
Quelle.

Was ist Äther?

In der antiken Naturlehre ist Äther das fünfte Element –
das, was über Erde, Wasser, Feuer und Luft hinausgeht.

Es ist der feinstoffliche Raum, der alles durchdringt.

In ihm wirkt Intuition. In ihm reisen deine Gedanken, deine Träume, deine Gebete.

Im Äther sind du und alles andere verbunden.

Wenn du im Äther arbeitest, arbeitest du mit Licht – nicht mit Materie.

✴ Ätherisches Spüren üben – Öffnung für den feinstofflichen Raum

Setze dich still hin.

Schließe die Augen.

Atme ruhig.

Stell dir vor, dein ganzer Körper wird durchlässig – wie ein feines Gewebe aus Licht.

Spüre:

– Was geschieht in deinen Händen?

– Welche Bilder oder Impulse steigen auf?

– Gibt es einen Hauch von Nähe, Berührung, Frieden?

Sag leise:

„Ich öffne mich dem Licht.

Ich bin bereit zu empfangen.

Ich bin sicher im Unsichtbaren."

🔔 Raumreinigungsritual – mit Klang, Rauch & Wort

Nimm eine Klangschale, eine Rassel oder einfach deine Stimme.

Geh durch den Raum. Sprich:

„Alles, was nicht Liebe ist, darf jetzt gehen.

Dieser Raum ist Licht. Dieser Raum ist rein.

Nur das Gute darf bleiben."

Danach räuchere mit weißem Salbei, Beifuß oder Weihrauch.

Lass Türen oder Fenster geöffnet – damit das Alte wirklich gehen kann.

🕯️ Auch „energetisches Lüften" wirkt – wenn du bewusst lüftest mit dem Gedanken: Jetzt lasse ich los.

🕯️ Lichtkörperaktivierung – dein Ätherfeld stärken

Stell dir vor, um deinen Körper liegt ein leuchtendes Energiefeld – dein Lichtkörper.

Visualisiere es wie ein Ei aus weiß-goldenem Licht.

Atme bewusst hinein.

Stell dir vor, wie es sich ausdehnt, dich schützt, dich heilt.

Sprich:

„Ich aktiviere mein Lichtfeld.

Ich bin verbunden mit meiner höchsten Kraft.

Ich strahle aus – Liebe, Klarheit, Heilung."

Du kannst dieses Ritual täglich wiederholen – besonde
vor Heilarbeit oder bei spirituellen Begegnungen.

✎ Gebet aus dem Äther – Botschaft empfangen

Setze dich in Stille.

Lege eine Frage in dein Herz – nicht an eine Person
gerichtet, sondern an die geistige Quelle.

Sprich (laut oder innerlich):

„Zeige mir, was ich wissen darf.

Ich bin offen. Ich bin achtsam. Ich bin verbunden."

Schreibe danach alles auf, was kommt – Worte, Bilder, Eindrücke.

Manchmal kommen Antworten direkt. Manchmal später – im Traum, im Alltag, durch andere Menschen.

🌠 Ätherpflege – Energetische Hygiene für Heilerinnen

Du arbeitest im Unsichtbaren.

Darum brauchst du regelmäßige Reinigung und Erdung:

Räuchern (auch von dir selbst)

Salzbäder oder Fußbäder

Gebete des Schutzes (z. B. „Ich gehöre dem Licht")

Kristalle tragen (z. B. schwarzer Turmalin, Selenit)

Räume nicht überladen – auch Energiefelder brauchen Ordnung

❤ Vor allem: Du musst nicht alles fühlen, was andere aussenden.

Du darfst deinen Ätherraum bewusst schließen, wenn ihn nicht brauchst.

Der Äther sagt:

Du bist mehr als Körper.

Du bist Seele im Licht.

Vertraue dem Unsichtbaren –

denn dort beginnt wahre Kraft.

Im nächsten Kapitel kommen wir zur Praxis der sanften Berührung mit Herz – dem Handauflegen, jedoch ohne Technik, ohne Reiki, sondern als reine Urkraft deiner Seele.

Bereit für Kapitel 12: Handauflegen?

Kapitel 12: Handauflegen – Heilung aus der Urkraft

Die Hände sind deine ältesten Werkzeuge.

Du brauchst keine Ausbildung, keine Symbole, keine Weihe, um heilsam zu berühren.

Wenn du mit Liebe und klarer Absicht deine Hände auflegst, fließt etwas, das größer ist als du.

Etwas, das nicht du tust – sondern das durch dich wirkt.

In alten Kulturen war das Handauflegen selbstverständlich.

Die Mutter legte dem fiebernden Kind die Hand auf die Stirn.

Die Großmutter rieb bei Schmerzen den Rücken.

Keiner fragte: „Wie genau funktioniert das?"

Denn es war klar: Die Hand weiß. Das Herz führt. Die

Seele heilt.

✨ Was geschieht beim Handauflegen?

Wärme fließt: energetisch, spürbar, oft bis in die Tiefe

Ruhe kehrt ein: das Nervensystem reguliert sich, der Geist wird still

Seelischer Trost entsteht: über Berührung, über Präsen über Nähe

Heilimpulse werden weitergegeben: nicht durch Kraft, sondern durch Vertrauen

Du brauchst keine Technik. Du brauchst Präsenz.

Und den inneren Satz: „Ich diene dem Licht."

✋ Handpositionen – intuitiv und wirkungsvoll

Du kannst deine Hände auflegen:

Auf schmerzende Stellen

Auf das Herz – für Trost, Vertrauen, Öffnung

Auf den Bauch – für Ruhe, Erdung, Zyklusbegleitung

Auf den Rücken – für Kraft, Loslassen, Stabilität

Auf den Kopf – für Klärung, Verbindung, geistige Führung

Auf die Füße – für Rückverbindung, Standhaftigkeit,
Heilung von unten nach oben

Du kannst auch eine Hand auf dich und eine auf die

andere Person legen – als Brücke.

Oder beide Hände in den Äther halten – wenn direkte Berührung nicht möglich ist.

❀ Das kleine Ritual vor dem Handauflegen

Wasche deine Hände bewusst – auch energetisch

Zünde eine Kerze an (optional)

Sprich innerlich:

„Ich stelle mich zur Verfügung.

Möge durch meine Hände nur das fließen, was dem höchsten Wohl dient."

Lege die Hände sanft auf – ohne Druck.

Bleibe in Stille. Atme. Spüre.

Wenn du innerlich das Gefühl hast: Es ist genug – dann danke.

Reinige dich danach durch Ausschütteln der Hände, Waschen, Salbei oder Salz.

💬 Was sage ich dabei?

Du brauchst keine festen Formeln – aber Worte können das Feld stärken.

Hier ein paar Beispiele:

„Ich sehe dich."

„Du bist nicht allein."

„Möge alles fließen, was bereit ist zu gehen."

„Möge Heilung geschehen – auf deine Weise."

Oder du bleibst ganz still.

Die Energie spricht oft lauter als Worte.

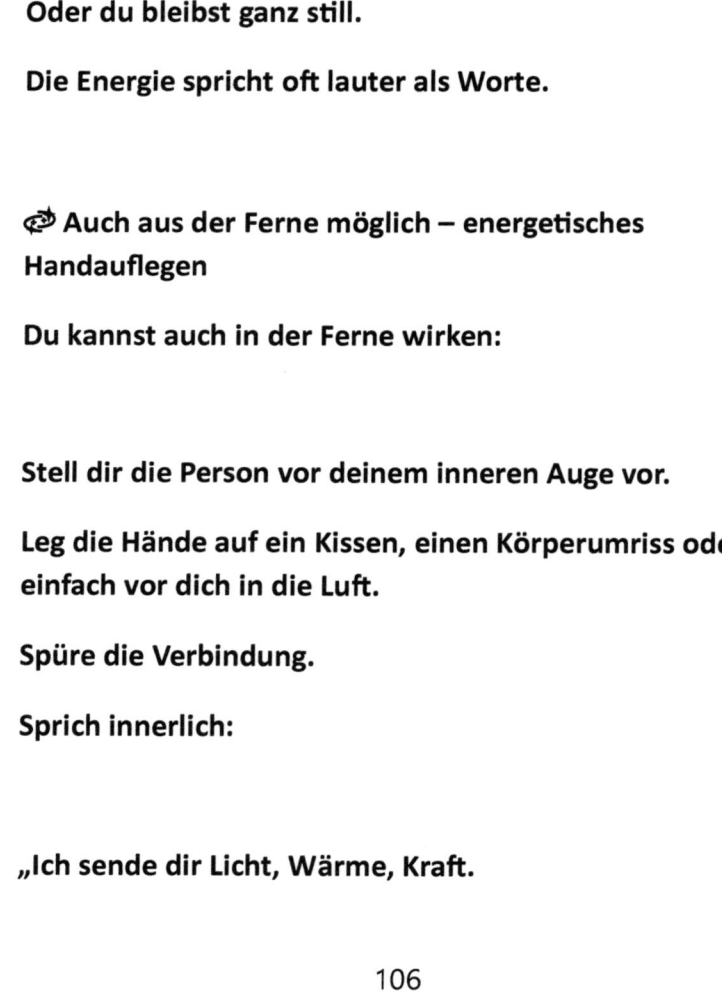 Auch aus der Ferne möglich – energetisches Handauflegen

Du kannst auch in der Ferne wirken:

Stell dir die Person vor deinem inneren Auge vor.

Leg die Hände auf ein Kissen, einen Körperumriss oder einfach vor dich in die Luft.

Spüre die Verbindung.

Sprich innerlich:

„Ich sende dir Licht, Wärme, Kraft.

Mögest du empfangen, was du brauchst.

Mögest du heil sein – in deinem Tempo."

💡 Diese Praxis ist besonders kraftvoll bei Menschen, die nicht berührt werden können oder dürfen.

⚠️ Wichtige Hinweise

Du heilst nicht – du erinnerst an die Heilung

Du bist kein Ersatz für medizinische Hilfe – du bist Ergänzung, Impuls, Begleiterin

Du brauchst Schutz – arbeite nie in Angst, Müdigkeit oder Zweifel

Vertraue deiner Intuition – sie ist dein wichtigstes Werkzeug

Die Hand sagt:

Ich gebe, was ich tragen kann.

Ich halte, ohne zu klammern.

Ich diene – aus Licht, nicht aus Macht.

Im nächsten Kapitel begegnen wir unseren Krafttieren jenen geistigen Gefährten, die in tierischer Gestalt an unserer Seite wirken.

Bereit für Kapitel 13: Krafttiere – Spiegel deiner Seele?

Kapitel 13: Krafttiere – Spiegel deiner Seele

Tiere begegnen uns nicht zufällig.

Manche laufen uns im Alltag über den Weg.

Andere tauchen in Träumen auf.

Wieder andere zeigen sich in Meditationen oder Bildern – und hinterlassen das Gefühl:

„Da ist mehr. Das war eine Botschaft."

Krafttiere sind spirituelle Begleiter in tierischer Gestalt.

Sie stehen für bestimmte Kräfte, Themen, Schutzqualitäten.

Und sie erscheinen dir immer dann, wenn du etwas davon brauchst.

Nicht, weil du sie rufst – sondern weil sie dich gerufen haben.

Als Heilerin der neuen Zeit lernst du, diesen Tieren zuzuhören.

Nicht wie einem Horoskop – sondern wie einem Lehrer.

Denn sie wissen oft, was du gerade brauchst, noch bevor du es selbst weißt.

🐾 Was ist ein Krafttier?

Ein Krafttier ist ein geistiger Begleiter – in Form eines

Tieres.

Es steht symbolisch für bestimmte Eigenschaften, Stärken, Herausforderungen.

Es begleitet dich:

In Lebensphasen (Wechsel, Krisen, Neubeginn)

In bestimmten Situationen (Heilarbeit, Schutz, Entscheidungen)

Oder dein Leben lang (als Seelentier, Lebensbegleiter)

Ein Krafttier kann auch mehrmals wechseln – je nachdem, was deine Seele gerade lernt oder braucht.

✴ Beispiele & Bedeutungen

Tier   Bedeutung

Wolf Intuition, Familiensinn, Führung, Freiheit

Eule Weisheit, Seherkraft, Tiefe, Nachtarbeit

Pferd Kraft, Beweglichkeit, Freiheitsdrang

Bär Heilung, Rückzug, innere Stärke

Schlange Wandlung, Haut abwerfen, weibliche
Urkraft

Reh Sanftmut, Achtsamkeit, Herzöffnung

Rabe Magie, Übergänge, Ahnenerinnerung

Fuchs Klugheit, Anpassungsfähigkeit, Schläue

Schmetterling Transformation, Leichtigkeit, Seele

Delfin Lebensfreude, Heilfrequenz, Kommunikation

Du kannst jederzeit dein eigenes Tier entdecken – über Meditation, Träume, Zufälle oder klare innere Bilder.

Q **Dein Krafttier finden – geführte Reise**

Setze dich ruhig und aufrecht hin.

Atme tief.

Stell dir vor, du gehst durch einen Wald, über eine Wiese, hin zu einer Lichtung.

Dort wartest du.

Ein Tier nähert sich – langsam, friedlich.

Du spürst sofort: Es gehört zu mir.

Beobachte es:

– Wie bewegt es sich?

– Was strahlt es aus?

– Will es sprechen, oder einfach nur bei dir sein?

Wenn es geht, danke ihm.

Wenn es bleibt, nimm es in deinen Alltag mit – als Seelenspiegel.

❀ Hinweis: Es ist nicht immer das „Lieblingstier" – manchmal auch das, vor dem du Respekt hast. Gerade dann bringt es wichtige Botschaften.

🐾 Krafttiere in der Heilarbeit

Vor einer Sitzung: Rufe dein Tier um Schutz, Führung, Erdung

Bei Klientinnen/Klienten: Oft zeigt sich ihr Tier – als Bild, Gefühl oder Impuls

Beim Ritual: Lade das Tier bewusst ein, halte Raum für seine Energie

Bei Übergängen: Lass dich führen – dein Tier kennt den Weg

Beispiel:

Der Bär bringt tiefe Heilung bei Trauer.

Die Eule hilft beim Wahrnehmen verborgener Themen.

Der Delfin unterstützt das innere Kind.

Die Schlange wirkt bei Zyklus-, Sexual- und Seelenthemen.

✨ Mit deinem Tier in Kontakt bleiben

Male es oder schreibe über eure Begegnung

Baue eine kleine Ecke mit Symbol, Figur, Feder oder Bi

Sprich morgens: „Geh heute mit mir. Ich folge deiner Weisheit."

Und abends: „Danke, dass du bei mir warst."

Du wirst spüren:

Diese Beziehung wächst.

Und sie stärkt dich – auf leise, aber kraftvolle Weise.

Das Krafttier sagt:

Ich bin nicht außerhalb von dir.

Ich bin der Teil von dir, den du wiedererkennen darfst.

Wenn du mich siehst, siehst du dich selbst.

Im nächsten Kapitel öffnen wir die Verbindung zu den geistigen Helfern jenseits der Tierwelt – den Geistführern, die dich begleiten, lehren, schützen.

Bereit für Kapitel 14: Geistführer – Hilfe aus der geistigen Welt?

Kapitel 14: Geistführer – Hilfe aus der geistigen Welt

Du bist nie allein.

Selbst wenn dein Leben still wird, wenn kein Mensch zuhört, kein Tier sich zeigt, kein Trost kommt –

es gibt immer eine Präsenz, die bei dir ist.

Diese Präsenz hat viele Namen:

Geistführer. Schutzengel. Lichtwesen. Helferseelen.

Aber am Ende sind sie alle Ausdruck derselben Liebe:

Einer bedingungslosen, nicht-menschlichen, stillen und klaren Führung.

Als Heilerin der neuen Zeit darfst du lernen, diese Verbindung bewusst zu leben.

Nicht als „magisches Extra".

Sondern als das, was sie wirklich ist:

Ein Teil von dir. Ein uraltes Bündnis. Ein heiliges Band.

🏹 Was sind Geistführer?

Geistführer sind energetische Wesen, die dich begleiten

Seit deiner Geburt – oder sogar schon aus früheren

Leben

Mit einem klaren Auftrag: dich zu erinnern, dich zu beschützen, dich zu führen

Ohne Urteil, Druck oder Zwang – sie greifen niemals in deinen freien Willen ein

Mit tiefer Weisheit – weil sie deine Seelenreise kennen

Sie sind nicht „über" dir. Sie sind an deiner Seite – als Freund, als Spiegel, als Licht in dunklen Momenten.

✴ Arten von Geistführern

Lebensbegleiter: begleiten dich durch dein ganzes Leben

Phasenführer: treten in bestimmten Lebensabschnitten auf (z. B. Heilung, Trauer, Transformation)

Ahnenseelen: verstorbene Seelen, die dich beschützen (z. B. Großmutter, Urgroßvater)

Heiler- oder Lehrerwesen: besonders bei Menschen m heilender Aufgabe aktiv

Du musst ihre „Art" nicht immer kennen – ihre Energie ist entscheidend.

🔍 **Deinen Geistführer kennenlernen – Meditation**

Setze dich in Stille. Atme tief.

Stell dir vor, du stehst an einem lichtdurchfluteten Ort einer Wiese, einem Tempel, einer Lichtkugel.

Du sprichst innerlich:

„Ich lade meinen Geistführer ein, sich zu zeigen – in Liebe, in Klarheit, in Frieden."

Warte. Spüre.

Vielleicht kommt ein Name. Ein Bild. Ein Gefühl von Nähe.

Vielleicht nur ein inneres Wissen: Ich bin nicht allein.

Sag zum Abschluss:

„Ich danke dir, dass du bei mir bist.

Ich bin offen für deine Führung."

💡 Manchmal zeigen sich Geistführer nicht als Menschengestalt, sondern als Licht, Farbe, Windhauch, Stimme oder einfach als innerer Frieden.

✨ Kontakt im Alltag stärken

Sprich morgens beim Aufwachen:

„Führe mich durch diesen Tag."

Sprich bei Entscheidungen:

„Zeig mir den klaren Weg."

Sprich vor dem Schlafen:

„Ich bin offen für Botschaften im Traum."

Notiere Träume, Zufälle, Eingebungen – sie sind oft Antworten

Je öfter du vertraust – desto klarer wird die Verbindung

🕯 Ritual: Deinen geistigen Begleiter ehren

Richte eine kleine Ecke ein – mit einer Kerze, einem Kristall, einem Symbol deiner Wahl

Zünde die Kerze an

Sprich:

„Ich danke dir, dass du mich begleitest.

Ich öffne mich deiner Weisheit.

Möge unsere Verbindung wachsen – in Licht, Wahrheit und Liebe."

Bleib einen Moment in Stille. Spüre, was kommt.

Dieses Ritual kannst du regelmäßig wiederholen – besonders bei Unsicherheit, Trauer, Übergängen oder wichtigen Entscheidungen.

 Geistführer in der Heilarbeit

Als Heilerin darfst du deine Begleiter bewusst rufen:

vor Sitzungen

bei schwierigen Gesprächen

zur Reinigung von Räumen

zum Schutz deines Energiefelds

Sprich innerlich:

„Ich bitte um Führung, Klarheit, Schutz und Wahrheit.

Möge nur geschehen, was dem höchsten Wohl dient."

Sie hören dich – immer.

Der Geistführer sagt:

Ich gehe mit dir – lautlos, aber klar.

Ich halte dich – nicht mit der Hand, sondern mit Licht.

Ich erinnere dich – an das, was du bist.

Im nächsten Kapitel gehen wir von der geistigen zur inneren Welt – zur Kraft der Meditation,

die dich bei körperlichen, seelischen und geistigen Beschwerden begleitet, stärkt und heilt.

Bereit für Kapitel 15: Meditationen für Körper, Geist & Seele?

Kapitel 15: Meditationen für Körper, Geist & Seele

Meditation ist keine Technik.

Sie ist ein Heimkommen.

In dich. In den Moment. In das, was dich ausmacht, wenn alles Äußere schweigt.

Als Heilerin der neuen Zeit ist Meditation dein innerer Rückzugsort.

Ein Raum, in dem du dich reinigst, stärkst, empfängst.

Nicht nur für dich – sondern auch für andere.

Denn nur, wer selbst still wird, kann wirklich hören, sehen und wirken.

 Warum Meditation heilt

Körperlich: aktiviert Selbstheilung, reguliert das Nervensystem, senkt Stress

Geistig: klärt Gedanken, löst Ängste, bringt Fokus

Seelisch: öffnet das Herz, vertieft die Intuition, stärkt d Vertrauen

Spirituell: verbindet dich mit deiner Quelle, deinem Licht, deiner Wahrheit

Du brauchst keine Stunde – oft reichen fünf Minuten.

Wichtiger als Dauer ist Präsenz.

🕯 Vorbereitung auf die Meditation

Wähle einen ruhigen Ort

Zünde gern eine Kerze an

Nutze ggf. eine Räucherung oder leise Musik

Setz dich aufrecht – aber bequem

Atme tief – und lasse los

Du darfst alles fühlen.

Du musst nichts erreichen.

❄ Geführte Meditationen zu verschiedenen Themen

☽ 1. Meditation bei innerer Unruhe & Gedankenkarussell

Setze dich.

Lege beide Hände auf dein Herz.

Atme langsam ein – und doppelt so lange aus.

Sprich innerlich:

„Ich lasse los. Ich werde still. Ich bin hier."

Stell dir vor, deine Gedanken sind wie Blätter auf einer Fluss.

Du siehst sie – aber du steigst nicht ein.

Lass sie vorbeiziehen.

Nach 5–10 Minuten:

„Ich danke meinem Geist. Ich danke der Stille. Ich kehr

zurück – ruhig, klar, verbunden."

🐾 2. Meditation bei Schmerzen oder körperlicher Anspannung

Lege eine Hand auf die betroffene Stelle.

Atme bewusst dorthin.

Stell dir vor: Aus deiner Hand strömt goldenes Licht.

Sprich innerlich:

„Ich sehe dich, Schmerz. Ich höre dich.

Du darfst gehen – wenn deine Botschaft gehört wurde."

Bleibe still. Spüre.

Vielleicht kommen Bilder, Gefühle, Erinnerungen.

Lass sie da sein.

Abschließend:

„Ich danke meinem Körper. Ich danke meiner Heilung.
Ich bin bereit."

✍ 3. Meditation bei Schlaflosigkeit

Im Bett: Lege dich auf den Rücken, die Hände auf den
Bauch

Spüre deinen Atem. Spüre die Schwere deines Körpers

Sprich innerlich wie ein Mantra:

„Ich darf ruhen. Ich bin sicher.

Ich sinke tiefer mit jedem Atemzug."

Stell dir vor: Du liegst in einer weichen Lichthülle.

Alles ist ruhig. Alles ist gut.

Lass dich tragen.

☸ 4. Meditation zur Entscheidungsfindung

Setz dich mit einem Zettel vor dich.

Halte die Frage in deinem Herzen – nicht im Kopf.

Atme. Werde still.

Sprich innerlich:

„Zeige mir den Weg, der mir dient.

Nicht was leicht ist. Nicht was logisch ist.

Sondern was wahr ist."

Bleibe still.

Vielleicht kommt ein Bild. Ein Wort. Ein Gefühl von Weite oder Enge.

Öffne die Augen – und notiere.

Vertraue dem ersten Impuls.

„Ich danke meiner inneren Weisheit. Ich gehe in Vertrauen."

❤️ 5. Herzöffnung & Selbstliebe-Meditation

Lege beide Hände aufs Herz.

Atme warm ein – und mit einem Lächeln aus.

Sprich:

„Ich bin genug. Ich bin liebenswert. Ich bin Licht."

Stell dir dein Herz vor wie eine Blüte.

Mit jedem Atemzug öffnet sie sich weiter.

Spüre Liebe – zuerst für dich.

Dann vielleicht für einen Menschen. Dann für alle.

Lass diese Liebe in dir leuchten – ganz ohne Grund.

📖 Abschlusstipp: Dein Meditationsbuch

Führe ein kleines Heft oder Tagebuch:

Welche Meditation tat dir gut?

Welche Sätze oder Bilder kamen?

Welche Gefühle durften fließen?

Welche Themen zeigen sich öfter?

Denn die Seele spricht leise –

und sie liebt es, wenn du zuhörst.

Im nächsten Kapitel nutzen wir die Kraft deiner

Gedanken ganz bewusst – mit Affirmationen, die dich stärken, lenken und erinnern:

Wer du bist, was du kannst, und wohin du willst.

Bereit für Kapitel 16: Affirmationen für dein Licht & deinen Weg?

Kapitel 16: Affirmationen – Worte für dein Licht & dein Weg

Ein Gedanke ist ein Same.

Ein Satz ist ein Befehl ans Unterbewusstsein.

Und eine Affirmation ist ein leuchtender Wegweiser.

Sie zeigt nicht nur, wohin du willst, sondern sie erinnert dich:

Du bist längst auf dem Weg.

Affirmationen wirken nicht, weil sie „magisch" sind –

sondern weil sie dich sanft, aber stetig an deine

Wahrheit erinnern.

Und diese Wahrheit ist immer:

Du bist Licht. Du bist genug. Du bist auf deinem Weg.

🌀 Was Affirmationen wirklich tun

Sie verändern deine innere Sprache

Sie ersetzen Selbstzweifel durch Selbstermutigung

Sie pflanzen Vertrauen in dein Energiefeld

Sie schaffen neue neuronale Bahnen im Gehirn

Sie wirken wie heilsame Mantras, die du täglich nähren darfst

Je öfter du eine Affirmation denkst, sprichst, aufschreibst –

desto mehr wird sie zu einem Teil deiner Realität.

🕯 **So nutzt du Affirmationen wirksam**

Sprich sie am besten laut – mit Stimme wird ihre Kraft verstärkt

Wiederhole sie regelmäßig – morgens, abends, bei Bedarf

Schreib sie auf Zettel und klebe sie an Spiegel, Türen, Kühlschrank

Sag sie vor dem Spiegel – sieh dich an, wenn du sie sag

Spüre sie in deinem Körper – als Wahrheit, nicht als Wunsch

✻ Affirmationen für verschiedene Lebensbereiche

♥ Selbstliebe

„Ich bin genug – genauso, wie ich bin."

„Ich liebe, ehre und achte mich mit jedem Atemzug mehr."

„Ich darf Fehler machen – und trotzdem leuchten."

☾ Innere Ruhe & Vertrauen

„Ich bin sicher. Ich bin getragen. Ich bin geführt."

„Alles geschieht zu meinem höchsten Wohl – auch wenn ich es noch nicht verstehe."

„Ich atme – und finde Frieden in mir."

✪ Klarheit & Entscheidungen

„Ich vertraue meiner Intuition – sie kennt den Weg."

„Ich darf mich verändern. Ich darf neu wählen."

„Ich wähle, was mir dient – mit Liebe und Klarheit."

✿ Heilung & Körperbewusstsein

„Mein Körper ist mein Tempel – ich danke ihm für sein
Weisheit."

„Ich gebe meinem Körper, was er braucht, und höre au
seine Stimme."

„Heilung geschieht in meinem eigenen Rhythmus."

● Mut & Selbstverwirklichung

„Ich bin bereit, mein Licht zu zeigen."

„Ich erlaube mir, groß zu denken und echt zu handeln."

„Ich bin Schöpferin meines Lebens – Tag für Tag."

✹ Spirituelle Verbindung

„Ich bin Licht – und Licht umgibt mich."

„Ich bin verbunden mit meiner Quelle."

„Ich empfange Führung – klar, liebevoll und weise."

✨ Dein eigener Affirmationssatz

Du kannst dir deinen ganz persönlichen Satz erschaffen –

passend zu deinem jetzigen Thema:

Was wünsche ich mir? (z. B. mehr Mut, mehr Liebe, m
Ruhe)

Formuliere es positiv, in der Gegenwart, liebevoll.

Beispiel:

Statt „Ich will keine Angst mehr" →

„Ich bin voller Vertrauen und innerer Ruhe."

Schreibe diesen Satz groß auf ein Blatt, male ein Symb
dazu – und hänge es dahin, wo du ihn jeden Tag siehst

Die Affirmation sagt:

Ich erinnere dich – nicht an eine Zukunft,

sondern an das, was in dir schon bereit ist.

Im nächsten Kapitel steigen wir tiefer in dein Herz:

in die Verbindung zwischen Selbstliebe &
Nächstenliebe –

und wie du anderen helfen kannst, ohne dich selbst zu
verlieren.

Bereit für Kapitel 17: Selbstliebe & Nächstenliebe – Das
Herz öffnen?

Kapitel 17: Selbstliebe & Nächstenliebe – Das Herz öffnen

Heilerinnen der alten Zeit haben oft gegeben, bis sie leer
waren.

Sie kannten das Dienen – aber nicht die Grenze.

Sie halfen, heilten, trösteten – aber verloren sich
manchmal selbst.

Die Heilerin der neuen Zeit lernt:

Liebe beginnt bei dir. Und sie darf dort bleiben, ohne egoistisch zu sein.

Selbstliebe und Nächstenliebe sind keine Gegensätze.

Sie sind zwei Ströme derselben Quelle.

Und je mehr du dich selbst annimmst, desto echter kannst du für andere da sein.

💜 Was Selbstliebe nicht ist

Kein Narzissmus

Keine Abgrenzung aus Angst

Kein „Ich zuerst" im verletzten Sinne

Sondern:

Ein ruhiges, klares JA zu dir.

Ein Wissen: Ich darf mich selbst mit demselben Mitgefühl behandeln, das ich anderen schenke.

🌷 Die Kunst, dich selbst zu halten

Manchmal wartest du, dass jemand dich „endlich sieht".

Aber was, wenn du die Erste bist, die das tun darf?

Frage dich:

Wann war ich zuletzt zärtlich mit mir?

Was brauche ich – heute?

Wo gebe ich mehr, als ich habe?

Und dann sprich:

„Ich liebe mich genug, um für mich da zu sein."

Selbstliebe bedeutet auch:

Nein sagen

Ruhe erlauben

Hilfe annehmen

Grenzen setzen – liebevoll, klar, ohne Schuldgefühl

✦ Selbstliebe-Ritual: „Ich bin genug"

Stell dich vor einen Spiegel. Schau dir in die Augen.

Sag deinen Namen laut.

Dann:

„Ich sehe dich.

Ich danke dir.

Ich vergebe dir.

Ich liebe dich."

Wiederhole es drei Tage hintereinander – und beobachte, was sich in dir bewegt.

✸ Nächstenliebe ohne Selbstverlust

Als Heilerin bist du mitfühlend.

Du spürst andere.

Du willst helfen.

Aber:

Du bist nicht verantwortlich für die Entscheidungen, Wege und Heilung anderer.

Dein Licht wirkt am stärksten, wenn du nicht aus Man~~gel~~
gibst –

sondern aus Fülle.

Gib, was du überhast.

Nicht, was du zum Überleben brauchst.

§ Die Liebesspirale

Stell dir Liebe wie einen Kreislauf vor:

Ich liebe mich → ich strahle → andere empfangen → ich
werde genährt → ich liebe weiter

Wenn du dich selbst vergisst, bricht der Kreis.

Wenn du dich selbst ehrst, wird er stärker.

🧘 Herzmeditation für Selbst- und Nächstenliebe

Lege beide Hände auf dein Herz.

Atme tief.

Sprich innerlich:

„Ich bin Liebe. Ich bin Licht.

Ich bin Quelle – und Gefäß.

Ich liebe mich – und aus mir fließt Liebe in die Welt."

Visualisiere, wie goldenes Licht dein Herz füllt –

und sanft überströmt zu allen, die es brauchen.

Ohne Verlust. Ohne Leere.

Nur Fluss.

👀 Grenzen setzen ist auch Liebe

Du darfst sagen:

„Jetzt nicht."

„Das ist zu viel."

„Ich bin auch wichtig."

Eine Heilerin, die sich selbst schützt, schützt auch das Feld.

Denn sie wirkt klarer, ehrlicher, wahrhaftiger.

Dein Herz sagt:

Ich bin groß genug, um zu lieben –

und stark genug, um mich selbst zu halten.

Ich bin die Quelle. Und ich vergesse mich nicht.

Damit schließen wir den inhaltlichen Teil deines Buches

Im Abschlusskapitel fassen wir nun alles zusammen – mit einem Segen für den Weg der Leserin.

Bereit für das letzte Kapitel: „Die Heilerin lebt in dir"?

Abschlusskapitel: Die Heilerin lebt in dir

Du hast dieses Buch nicht einfach nur gelesen.

Du hast dich erinnert.

Schritt für Schritt. Pflanze für Pflanze. Wort für Wort.

Und du spürst es vielleicht schon:

Die Heilerin, die du suchtest, war nie draußen. Sie war immer in dir.

Nicht als perfekte Frau.

Nicht als spirituelles Ideal.

Sondern als lebendige, fühlende, wissende Seele –

die durch dunkle Täler ging

und trotzdem Licht mit sich trägt.

🜎 Du musst nichts mehr werden

Du bist kein leerer Becher, den man füllen muss.

Du bist ein Quell.

Du brauchst nicht mehr sammeln – du darfst beginnen zu geben.

Nicht aus Pflicht, sondern aus Freude.

Nicht aus Druck, sondern aus Tiefe.

Nicht um andere zu beeindrucken – sondern um die Welt ein Stück heiler zu machen.

🍃 Was du jetzt tun kannst

Heile weiter – still, kraftvoll, sanft

Sprich deine Wahrheit – mit Herz

Pflanze deine Kräuter – mit Absicht

Gib deine Rituale weiter – wo offene Ohren sind

Lebe dein Licht – auch wenn niemand klatscht

Und vergiss dabei nie:

Dein Alltag ist deine größte Zeremonie.

Deine Hände sind deine Werkzeuge.

Dein Herz ist dein Altar.

🐦 **Ein kleiner Segen für deinen Weg**

Mögest du dich immer wieder spüren –

auch wenn es laut wird in der Welt.

Mögest du lieben – ohne dich zu verlieren.

Mögest du führen – ohne dich zu erhöhen.

Mögest du erinnern – in Stille, in Berührung, in Licht.

Mögest du empfangen – genau so, wie du gibst.

Und mögest du erkennen:

Du bist nicht die Heilerin der neuen Zeit.

Du bist die neue Zeit.

🐦 Und nun?

Du musst nichts „Großes" tun.

Vielleicht rührst du einfach eine Salbe.

Oder sprichst ein stilles Gebet.

Oder hörst jemandem wirklich zu.

Oder pflückst eine Pflanze – und dankst ihr.

In jedem dieser Momente beginnt Heilung.

In dir. Und durch dich.

Danke, dass du dich erinnert hast.

Danke, dass du Licht bringst – auf deine Art.

Danke, dass du gehst. Und wirkst. Und bist.

Mit all meiner Liebe,

Petra Maria Scheid